Michael Langer

Saitenwege

für zwei Gitarren

2

John Dowland · Antonio Vivaldi
Johann Sebastian Bach
Wolfgang Amadeus Mozart
Robert Schumann · Frédéric Chopin
Francisco Tárrega · Johann Strauss
Carlos Gardel · Astor Piazzolla
Ernesto Nazareth · Egberto Gismonti
Pharrell Williams · Camila Cabello …

»mittelschwer«

Die Audiodateien können unter

https://download.dux-verlag.de

nach Eingabe des Download-Codes kostenlos heruntergeladen werden.

Download-Code: bp9f-0zg1

Wir empfehlen den Download mit einem PC oder Mac, da die Dateien in einem ZIP-Archiv vorliegen und erst entpackt werden müssen.

Die Audiodateien sind auf den gängigen Streaming-Plattformen verfügbar (z. B. Spotify).

Spotify-Playlist:
Saitenwege Duos 2

https://sptfy.com/D919

Impressum:

D 919/ ISMN 979-0-50017-555-1 / ISBN 978-3-86849-382-5

Audiofiles:
Es spielen: Gitarrenduo Michael Langer & Sabine Ramusch
Aufnahmen: Studio Legale, Wien

Recording, Mastering, Layout und Notensatz: Michael Langer

Umschlaggestaltung:
Rauchbauer & Partner Werbeagentur GmbH, Gaimersheim

Bildmaterial: Alenavlad (Adobe Stock)

www.dux-verlag.de

VORWORT

„Saitenwege für zwei Gitarren - Band 2“ führt durch sechs Jahrhunderte Gitarrenmusik verschiedenster Stile und Epochen. Diese Spielsammlung soll ein inspirierender Begleiter bei einem der schönsten Dinge sein, die Musik bieten kann: dem miteinander Musizieren. Thema von Band 2 ist weiterführende Literatur für zwei Gitarren quer durch sechs Jahrhunderte Musik.

Durch die freundliche Mitarbeit aller beteiligten Verlage ist es gelungen, einige der beliebtesten Stücke aus dem musikpädagogischen Bereich der klassischen und populären Gitarrenduo-Literatur in diese Sammlung aufzunehmen. Ergänzt wurden diese durch eine ganze Reihe eigener Arrangements, die hier zum ersten Mal veröffentlicht sind.

Die Angabe des Schwierigkeitsgrades am Beginn des Stückes soll die Einschätzung erleichtern und eine gute Durchspielbarkeit des Buches ermöglichen. Detaillierte Fingersätze für die linke und rechte Hand sollen zur ganz bewussten Ausführung anregen und Hilfestellungen geben. Auch habe ich mich mit großer Genauigkeit mit dem Dämpfen der Leersaiten auseinandergesetzt, da dies immer wieder als Problem formuliert wird.

Alle Titel dieses Buches wurden vom Gitarren-Duo „Guitar & Passion“ eingespielt und können über den beigefügten Download-Link heruntergeladen bzw. auf allen gängigen Streaming-Plattformen angehört werden.

Diese musikalischen Versionen wie auch die in diesem Buch angegebenen Fingersätze werden aber immer subjektiv bleiben und verstehen sich nur als Service und Hilfe bei der Entwicklung eigener Vorstellungen und Vorlieben – beim Entstehen einer eigenen Interpretation.

Auf diesem Weg wünsche ich euch viel Spaß!

Michael Langer
Wien, im Juni 2022

INHALT

ZEICHENERKLÄRUNG

Die Finger der rechten Hand werden mit Buchstaben abgekürzt:

p = Daumen
i = Zeigefinger
m = Mittelfinger
a = Ringfinger

Die Finger der linken Hand werden mit Ziffern abgekürzt:

1 = Zeigefinger
2 = Mittelfinger
3 = Ringfinger
4 = kleiner Finger

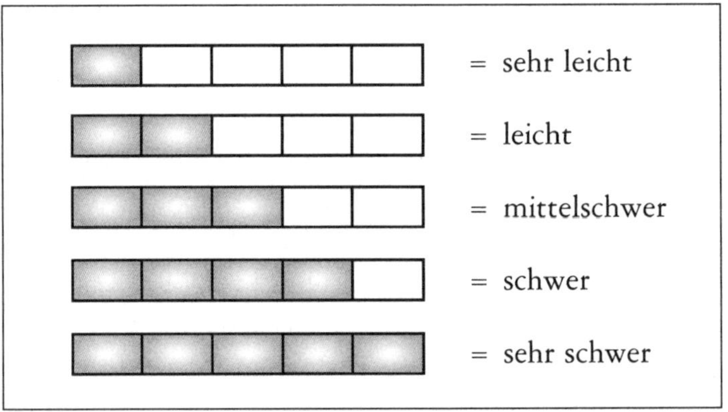

3 -------- Finger bleibt liegen.

p -----┘ Der Daumen spielt mehrere aufeinanderfolgende Töne.

Lagenwechsel

Glissando

Technische Bindung: strichlierte Linie

Musikalische Bindung: durchgehende Linie (oben: Haltebogen, unten: Phrasierungsbogen)

V ④ Barrégriff: Lege den 1. Finger am V. Bund quer über die 1.–4. Saite.

③ ⑤ Innerer Barré: Der 1. Finger greift nur quer über die 3., 4. und 5. Saite (leichtes Durchbiegen im Fingerendgelenk).

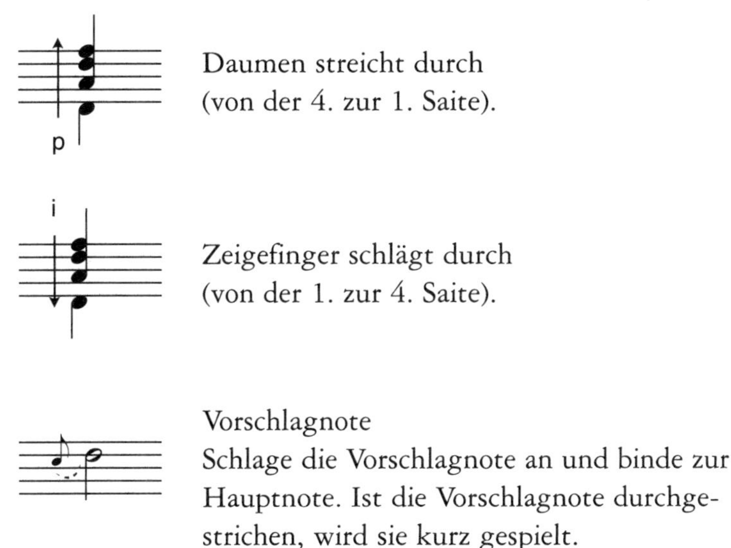

Daumen streicht durch
(von der 4. zur 1. Saite).

Zeigefinger schlägt durch
(von der 1. zur 4. Saite).

Vorschlagnote
Schlage die Vorschlagnote an und binde zur Hauptnote. Ist die Vorschlagnote durchgestrichen, wird sie kurz gespielt.

DÄMPFEN:
Wenn nicht anders bezeichnet, wird mit dem Daumen der rechten Hand gedämpft.

Ist das Symbol …

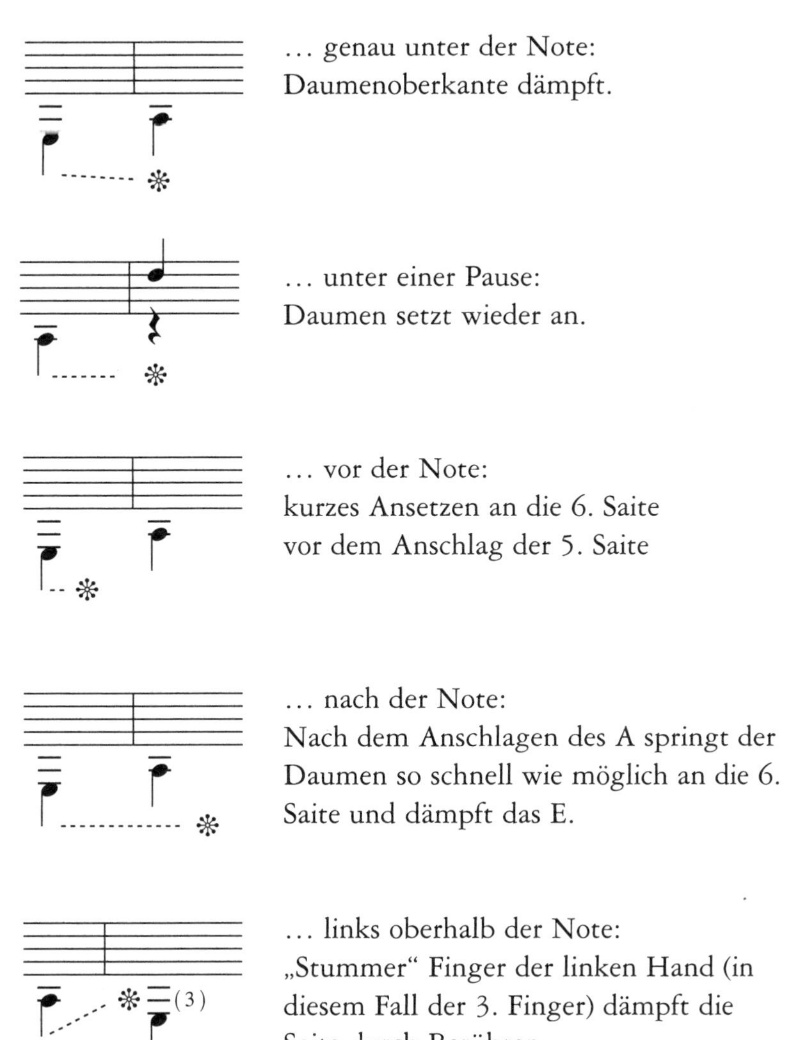

… genau unter der Note:
Daumenoberkante dämpft.

… unter einer Pause:
Daumen setzt wieder an.

… vor der Note:
kurzes Ansetzen an die 6. Saite
vor dem Anschlag der 5. Saite

… nach der Note:
Nach dem Anschlagen des A springt der Daumen so schnell wie möglich an die 6. Saite und dämpft das E.

… links oberhalb der Note:
„Stummer“ Finger der linken Hand (in diesem Fall der 3. Finger) dämpft die Saite durch Berühren.

... bedeutet „Wiedergeburt“: Die intensive Beschäftigung mit der Antike leitete vor 500 Jahren ein neues Zeitalter ein.
Es war die Zeit des Dichters William Shakespeare, die Zeit als Amerika entdeckt und der Buchdruck erfunden wurde, die Zeit Karls des V., der über ein Reich herrschte, in dem „die Sonne nicht unterging.“
Die Gitarre existierte noch nicht in ihrer heutigen Form. Die beiden bedeutendsten Zupfinstrumente waren die Renaissancelaute mit ihrem charakteristisch birnenförmigen Korpus aus mehreren Holzspänchen und die Vihuela. Dieses Instrument wurde nur in Spanien gespielt – trotz wesentlich kleinerem Korpus wird sie als Vorgängerin der modernen Gitarre angesehen.
Die Laute oder Vihuela wurden in der damals gebräuchlichen fis-Stimmung gespielt, mit der von g auf fis hinuntergestimmten dritten Saite. Alle diese Stücke wie „Greensleeves“, „Le Rossignol“ und „Lesson for two lutes“ basieren auf originalen Manuskripten und stehen hier zur leichteren Lesbarkeit in unserer heutigen Gitarrenstimmung.
Zwei Stücke möchte ich herausheben: „Come Again“ ist ein Lied mit Lautenbegleitung von John Dowland. Meine Duoversion orientiert sich an der so selbstverständlich anmutenden (stilistischen) Freiheit, mit der Saxofonist John Surman mit seinem „Dowland Project“ an diesen großen Renaissance-Komponisten herantritt.
„Di, perra mora“ aus dem Manuskript „El Cancionero de Medinaceli“ ist ein gefeiertes Zugabenstück von Jordi Savalls HESPÈRION XXI und liegt hier endlich in einer Gitarrenversion vor.

 1

GREENSLEEVES

Anonym (16. Jh.)
Bearbeitung für 2 Gitarren: Michael Langer

LE ROSSIGNOL

Anonym (16. Jh.)
Bearbeitung für 2 Gitarren: Michael Langer

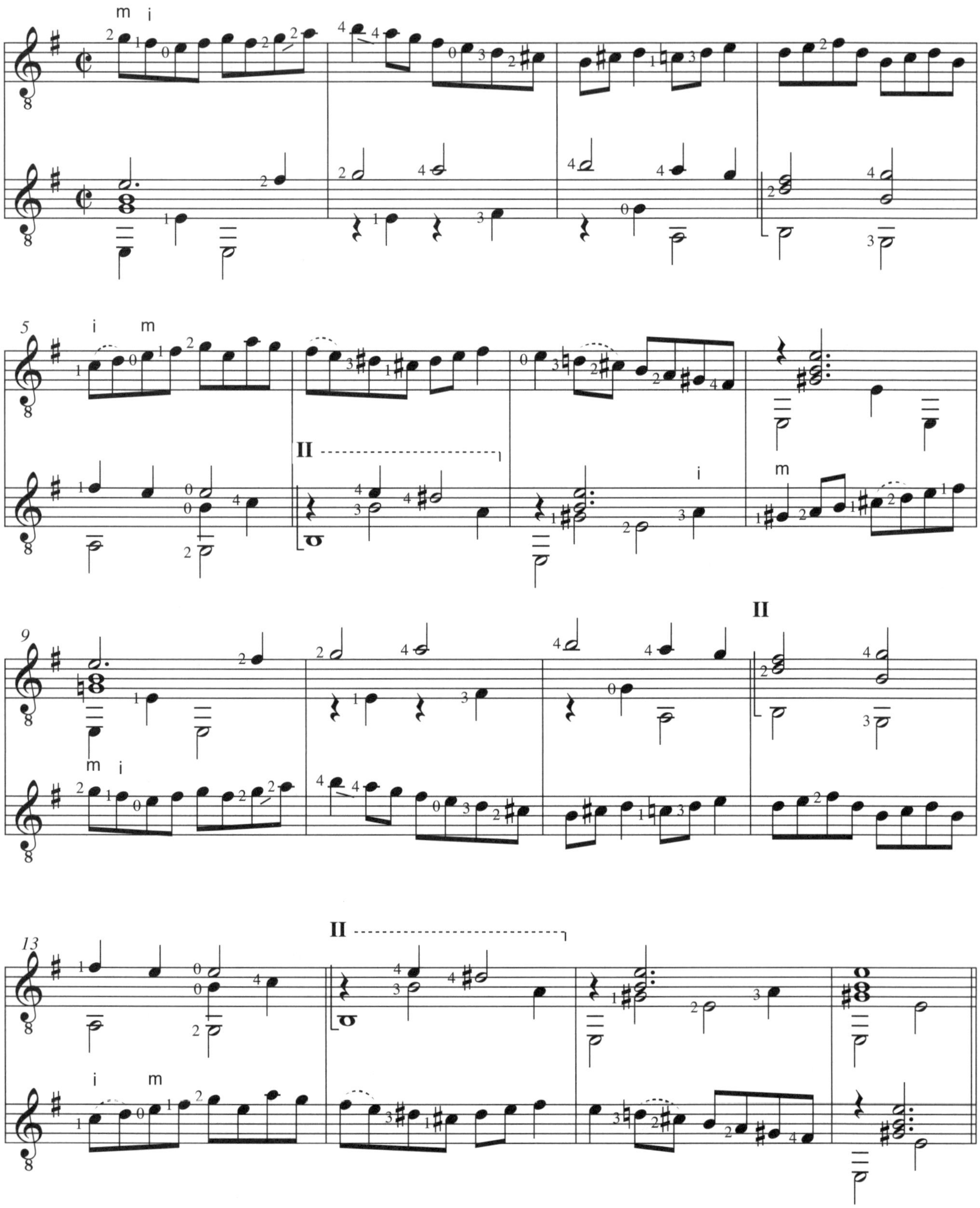

17
II
II
II
i m
21
III
m i
i m
25
II
i m
29
i m
II
i m
III
33
m i

 3

COME AGAIN

John Dowland (1563-1626)
Bearbeitung für 2 Gitarren: Michael Langer

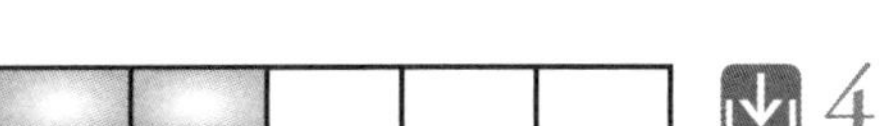

4

LESSON FOR TWO LUTES

Anonym (16. Jh.)
Bearbeitung für 2 Gitarren: Michael Langer

27
m i m i
m i
a i m a
30
m i
33
m i m
III
m i
36
m i

15
18
21
24

 5

DI, PERRA MORA

Anonym (16. Jh.)
aus dem Manuskript: „El Cancionero de Medinaceli“
Bearbeitung für 2 Gitarren: Michael Langer

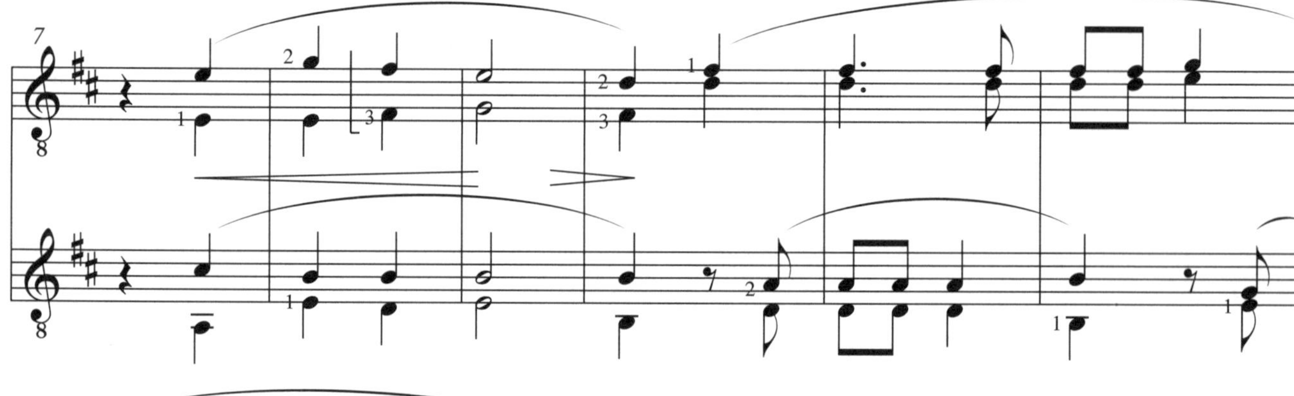

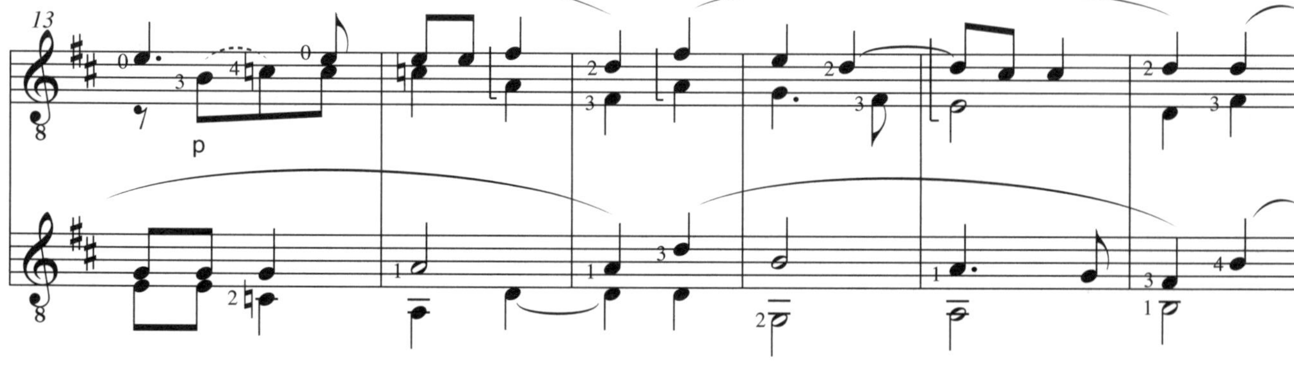

25
p
m
i
31
p
37
43
1.
2.
p

Barock ...

Der Barockstil zeichnet sich durch lebensfrohe, prunkvolle Üppigkeit aus, der „Sonnenkönig“ Ludwig XIV. war während seiner langen Regierungszeit das Vorbild aller anderen Monarchen.
Mit der Erfindung der Oper um 1600 beginnt das Barockzeitalter. In der Musik spricht man auch vom Zeitalter des „Generalbass“, weil das Bassfundament eine beherrschende Rolle spielte.
Durch eine Erhöhung der Saitenzahl bis zu 13 doppelt bespannten Saiten versuchten die Lautenisten dieser Herausforderung gerecht zu werden. Die Lautenkompositionen von Johann Sebastian Bach und Silvius Leopold Weiss waren der unüberbietbare Höhepunkt.
Gleichzeitig gewann ein Instrument an Popularität, das unserer heutigen Gitarre bereits sehr ähnlich war: Die Barockgitarre entsprach in ihrer Stimmung der heutigen Gitarre mit einem wesentlich kleineren Tonumfang im Bass, da die 5. Saite eine Oktave höher erklang und die 6. Saite überhaupt noch fehlte.
Leider gibt es keine nennenswerte, leicht spielbare Original-Literatur für Lauten- oder Barockgitarren-Duo, so konnten wir „ungehemmt“ auf den großen musikalischen Schatz des Barock zugreifen: Für zwei Gitarren bearbeitet wurden ein Choral von Johann Sebastian Bach, eine auch unter Folkmusikern beliebte Geigenmelodie von Niel Gow, ein Violin-Gitarren-Duo von Christian Gottlieb Scheidler, ein Klavierstück von Wilhelm Friedemann Bach und das berühmte Largo in D-Dur von Antonio Vivaldi aus dem Konzert in D-Dur für Laute, 2 Violinen und Basso continuo.

 6

ROMANZE

Christian Gottlieb Scheidler (1750-1815)

p i m
m i
Fine
p
f
rit.
D.C. al Fine

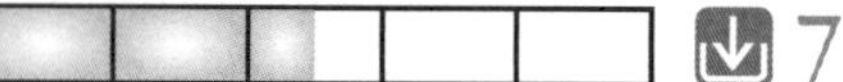

7

LAMENT

Niel Gow (1727-1807)
„Niel Gow's Lament for the Death of his Second Wife“
Bearbeitung für 2 Gitarren: Michael Langer

pizz.

15
VIII
VII
18
V
21
I
V
25
I
1.
VIII
2.

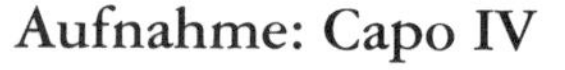

WACHET AUF, RUFT UNS DIE STIMME

Johann Sebastian Bach (1685-1750)
nach dem Choralvorspiel BWV 645
Bearbeitung für 2 Gitarren: Michael Langer

Aufnahme: Capo IV

13
p
16
i
19
m
i m
m
22
i m
rit.

LARGO

Antonio Vivaldi (1678-1741)
aus dem Konzert für Mandoline und Streicher RV 93
Bearbeitung für 2 Gitarren: Michael Langer

II

 10

ALLEGRO

Wilhelm Friedemann Bach (1710-1784)
Bearbeitung für 2 Gitarren: Michael Langer

Fine

II
cresc.
D.C. al Fine

Klassik ...

Die klassische Epoche war die Zeit des „Biedermeier", als sich unter dem politischen Druck der Zensur das kulturelle und gesellschaftliche Leben ins Private verlagerte.
In der Musik wurde die komplizierte Satztechnik des Barock zugunsten einer neuen Einfachheit aufgegeben. Gesangliche Oberstimmen dominierten über einer vergleichsweise schlichten Harmonik.
Die Gitarrenkomponisten der Klassik stehen in der Musikgeschichte im Schatten von Haydn, Mozart und Beethoven, die leider nie etwas für die Gitarre geschrieben haben. Zu ihren Lebzeiten aber waren Gitarristen wie Mauro Giuliani in Wien, Fernando Sor und Ferdinando Carulli in Paris gefeierte Virtuosen – und begehrte Lehrer, da das Instrument in den Salons wohlhabender Bürgerfamilien sehr in Mode war.
Wir stellen in diesem Kapitel zwei Originalkompositionen von Ferdinando Carulli und Matteo Bevilacqua zwei Melodien von Wolfgang Amadeus Mozart, bearbeitet im Stil Fernando Sors, gegenüber.
Domenico Cimarosas Klaviersonate in A-Dur wurde in der Solo-Version des englischen Gitarristen Julian Bream weltberühmt. Meine Duo-Fassung macht das Werk leichter spielbar und beschränkt sich zudem nicht darauf, die rechte und linke Hand des Pianisten für jeweils eine Gitarre zu übertragen, sondern lässt die Stimmen hin- und herwandern und zu einem echten Duostück werden.

 11

LE NID ET LA ROSE

Ferdinando Carulli (1770-1841)
„Das Nest und die Rose“ aus den „Sechs Romanzen“ op. 333

Allegretto

II
cresc.
f
II
II
a
m
i
p

12

DAS KLINGET SO HERRLICH

Wolfgang Amadeus Mozart (1756-1791), aus: „Die Zauberflöte“
Bearbeitung für 2 Gitarren: Michael Langer (nach Fernando Sor op. 9)

p i m p i
I
i m i m
p p
D. C.
senza rep.

 13

DER VOGELFÄNGER BIN ICH JA

Wolfgang Amadeus Mozart (1756-1791), aus: „Die Zauberflöte“
Bearbeitung für 2 Gitarren: Michael Langer

13
p i m i m
i
m
m i
16
a m i
m
a m i
19
cresc.
a m i
22
p i m i m
VIII
25
1.
2.

 14

SONATE A-DUR

Domenico Cimarosa (1749-1801)
Bearbeitung für 2 Gitarren: Michael Langer

m i m i m i
m i m i

 15

LES FOLIES D'ESPAGNE

Anonym mit Variationen für 2 Gitarren von Matteo Bevilacqua (1772-1849)
Bearbeitung: Michael Langer

i m

1. 2.

p

Variation 1

i m i i m i

I

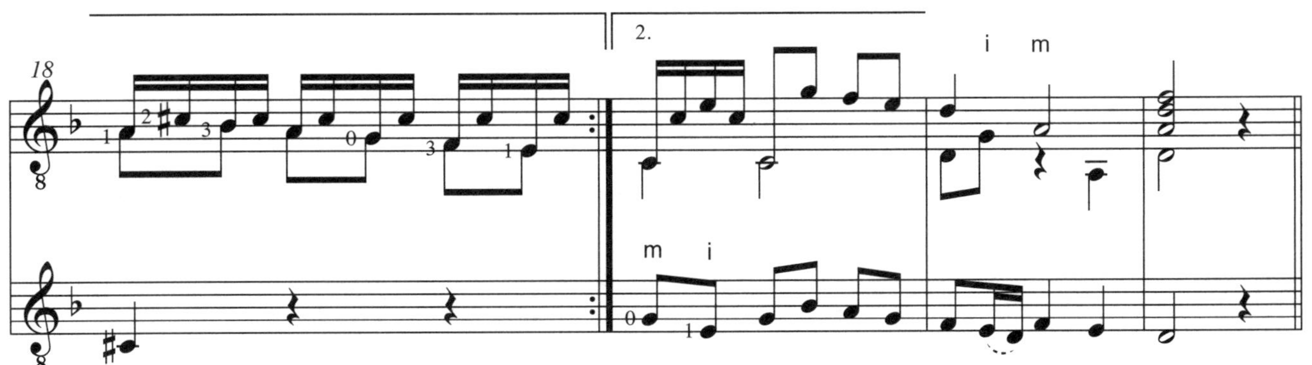

Variation 2

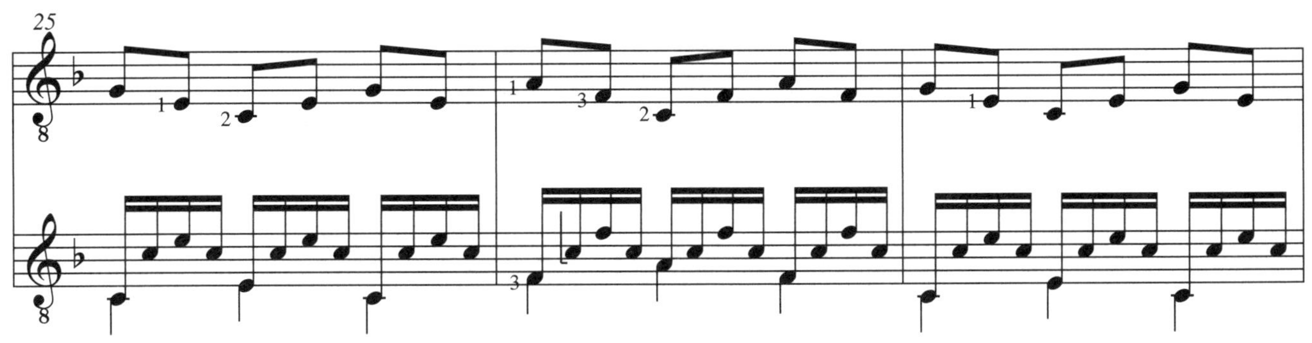

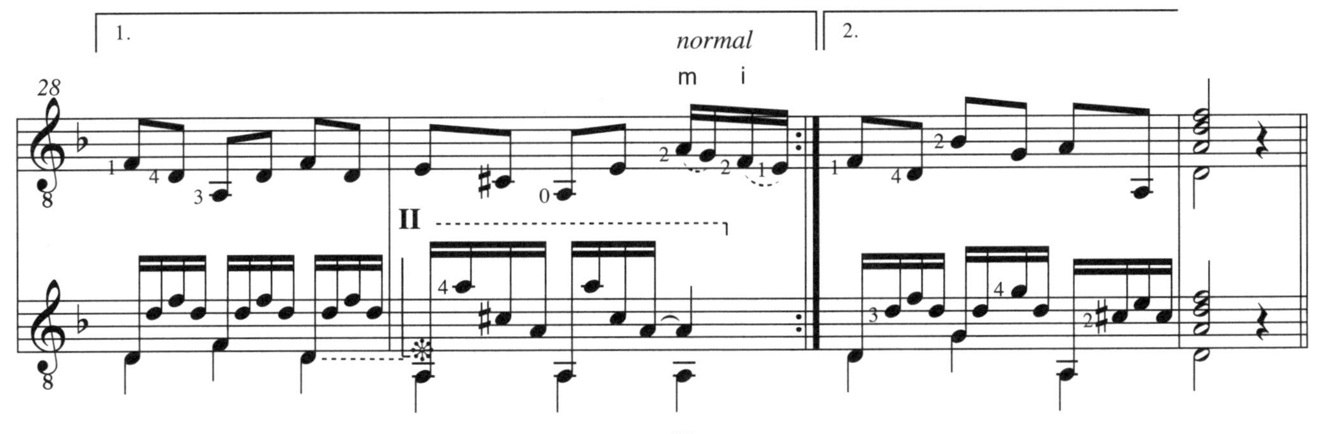

Variation 3

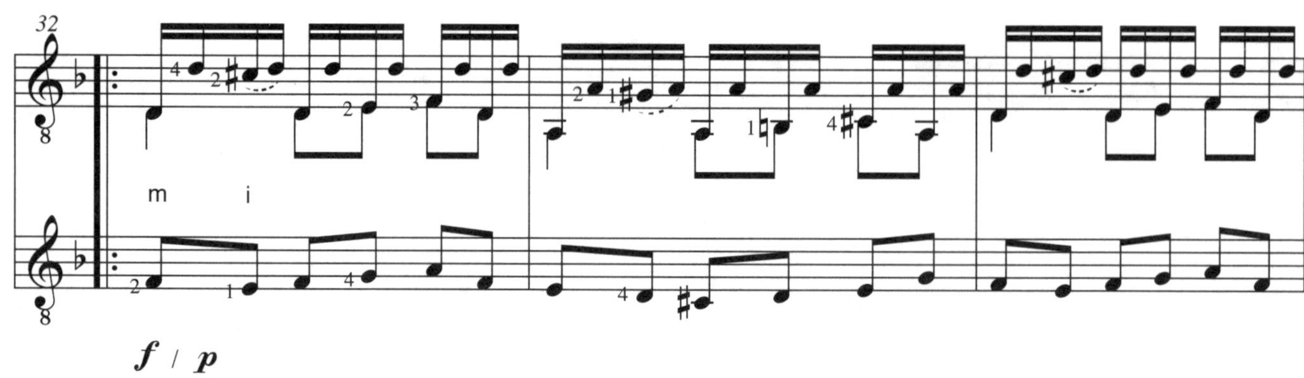

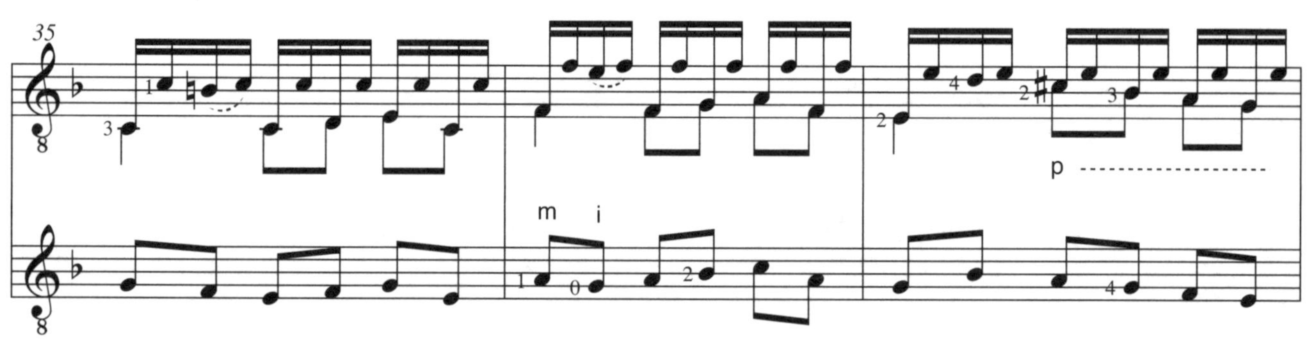

Finale

45
i m
p m
i m
48
m i m i m
51
p
54
cresc.
ff

Romantik

Das Zeitalter der Romantik baut auf der Klassik auf. Oft wird das ganze 19. Jahrhundert als „romantisches Jahrhundert" bezeichnet, obwohl es auch das Jahrhundert der Industriellen Revolution mit gewaltigen sozialen Spannungen und das Jahrhundert zahlreicher Kriege unter dem Zeichen des aufkeimenden Nationalismus war.
Romantik in der Musik bedeutet die starke Betonung des Gefühls, unbändige Virtuosität aus dem maß- und regellosen Sprengenwollen aller Grenzen.
Der italienische Geiger Niccolò Paganini, der auch virtuos Gitarre spielte, war in der ihm zugeschriebenen Egomanie und in dem von ihm ausgelösten Geniekult Sinnbild des romantischen Virtuosen.
Es war der spanische Gitarrenbauer Antonio Torres, der gegen Ende des 19. Jahrhunderts in Zusammenarbeit mit Francisco Tárrega eine größere, bis heute gültige Form der Gitarre festlegte.
Neben mehr Einsatz von Chromatik und folkloristischen Elementen in der romantischen Musik ist es vor allem ein gesteigertes Bewusstsein für Klangfarben, das aufhorchen lässt. Hervorheben möchten wir hier die Bearbeitung des „Gran Vals" von Francisco Tárrega und Ferrers „Bolero".
Das dominierende Instrument dieser Epoche ist jedoch das Klavier. Die Gitarrenduo-Besetzung ermöglicht es, Klavierstücke ohne zu große spieltechnische Schwierigkeiten für Gitarre spielbar zu machen: Das haben wir hier für zwei große Melodien von Robert Schumann und Frédéric Chopin genutzt.
Dieses Kapitel wird wiederum (wie im ersten Band) von einem Kuriosum beendet: ein Gitarren-Arrangement der „Tritsch-Tratsch-Polka", komponiert von Johann Strauss Sohn.

16

GRAN VALS

Teil I + II

Francisco Tárrega (1852-1909)
Bearbeitung für 2 Gitarren: Michael Langer

Fine
II
1.
2.
D.C. al Fine

BOLERO

gekürzt, Teile I-IV

José Ferrer (1835-1916)
Bearbeitung für 2 Gitarren: Michael Langer

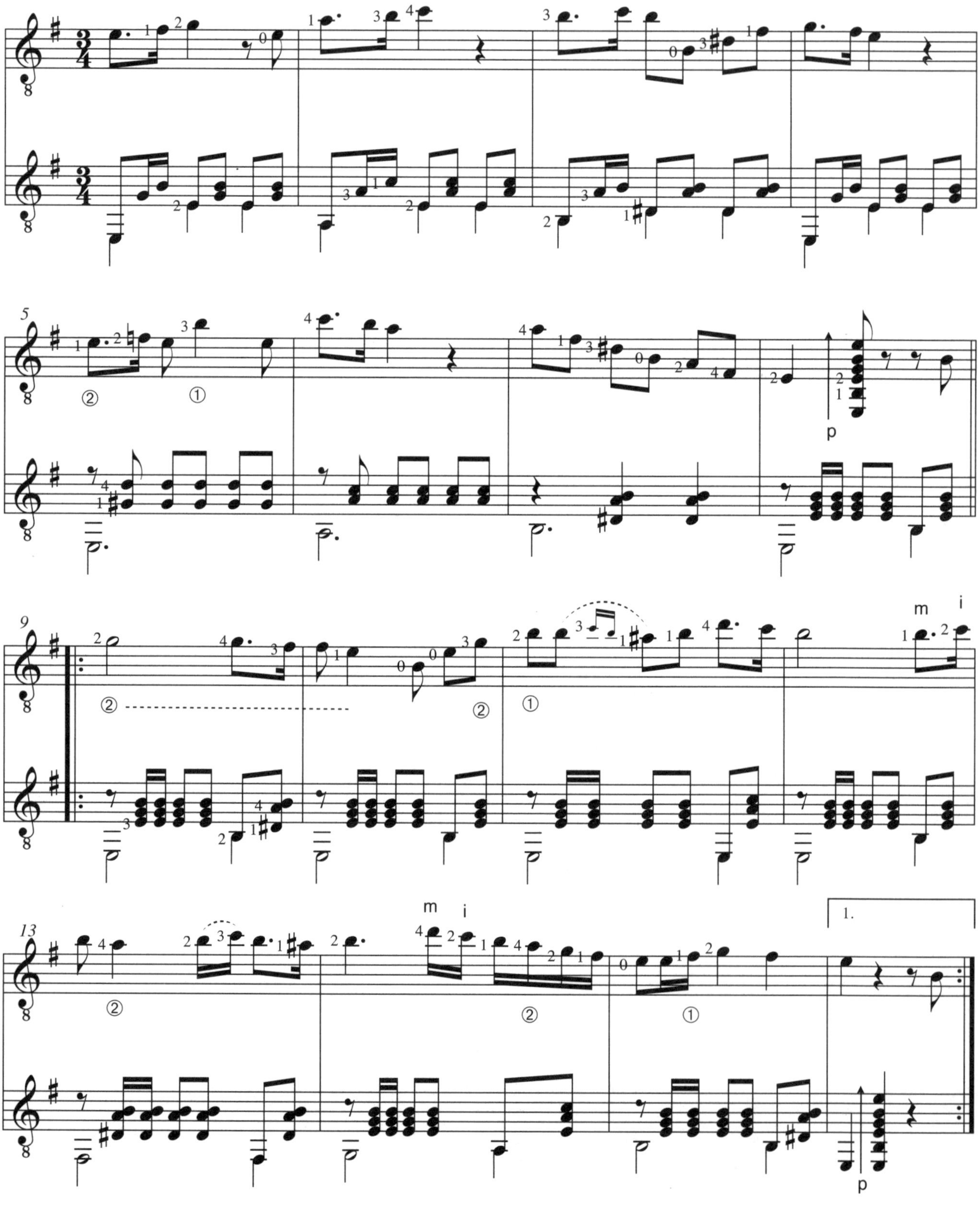

 18

VON FREMDEN LÄNDERN UND MENSCHEN

Robert Schumann (1810-1856)
Bearbeitung für 2 Gitarren: Michael Langer

V
V
Flag. XII
molto. rit.
a tempo

 19

MODERATO CANTABILE

Frédéric Chopin (1810-1849)
aus: Fantaisie-Impromptu in cis-Moll
Bearbeitung für 2 Gitarren: Michael Langer

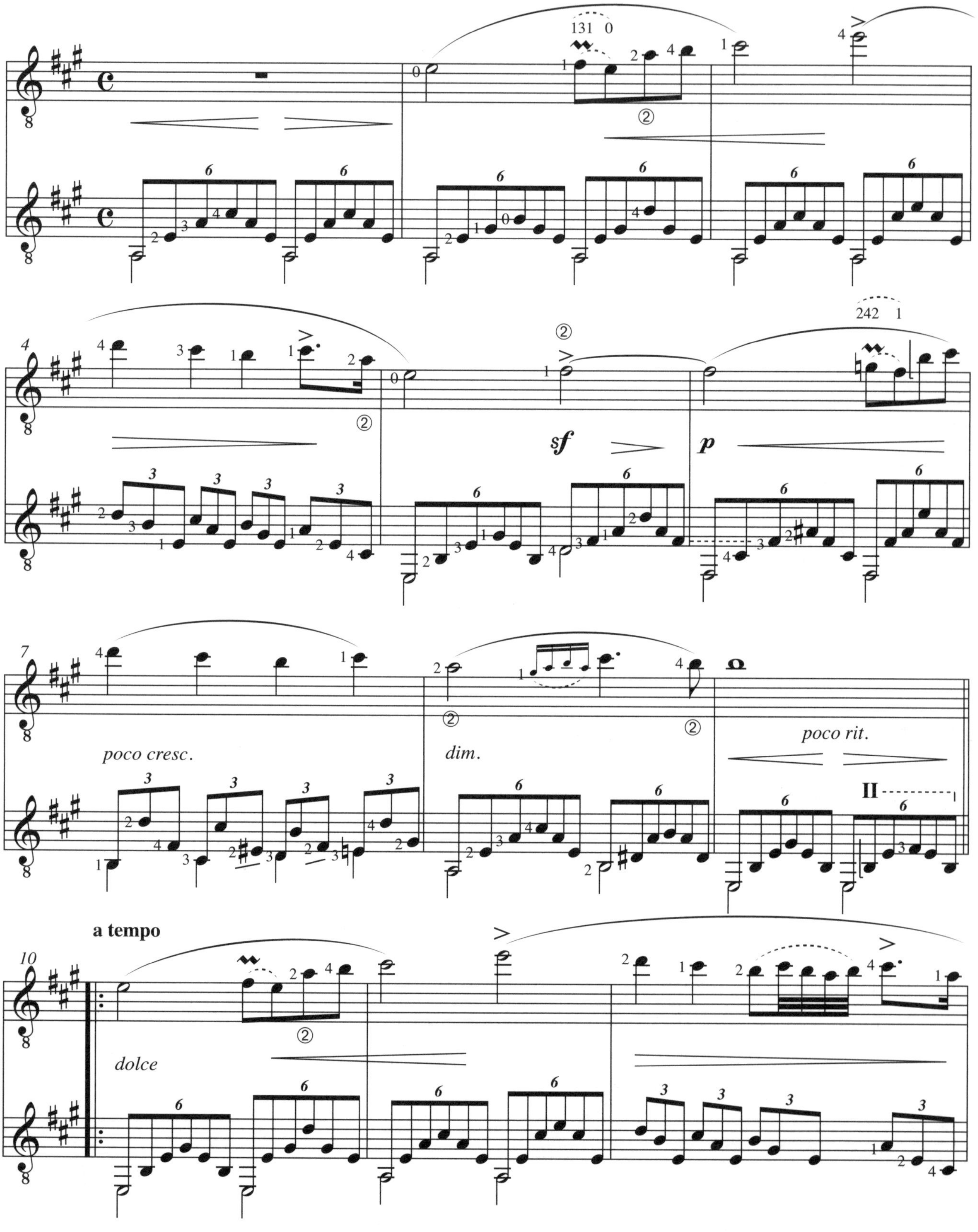

poco cresc.

dim.

poco rit.

a tempo

dolce

Ossia:
1., 2.
dim.
3.

20

TRITSCH-TRATSCH-POLKA

Johann Strauss Sohn (1825-1899)
Bearbeitung für 2 Gitarren: Michael Langer

25
31
37
43
51
2.
II
mf
f
p

1. x: D. S.
2. x: D. C. al Coda sin rep.

EL PAÑUELA DE PEPA

Manuel Saumell (1810-1870)
Bearbeitung für 2 Gitarren: Michael Langer

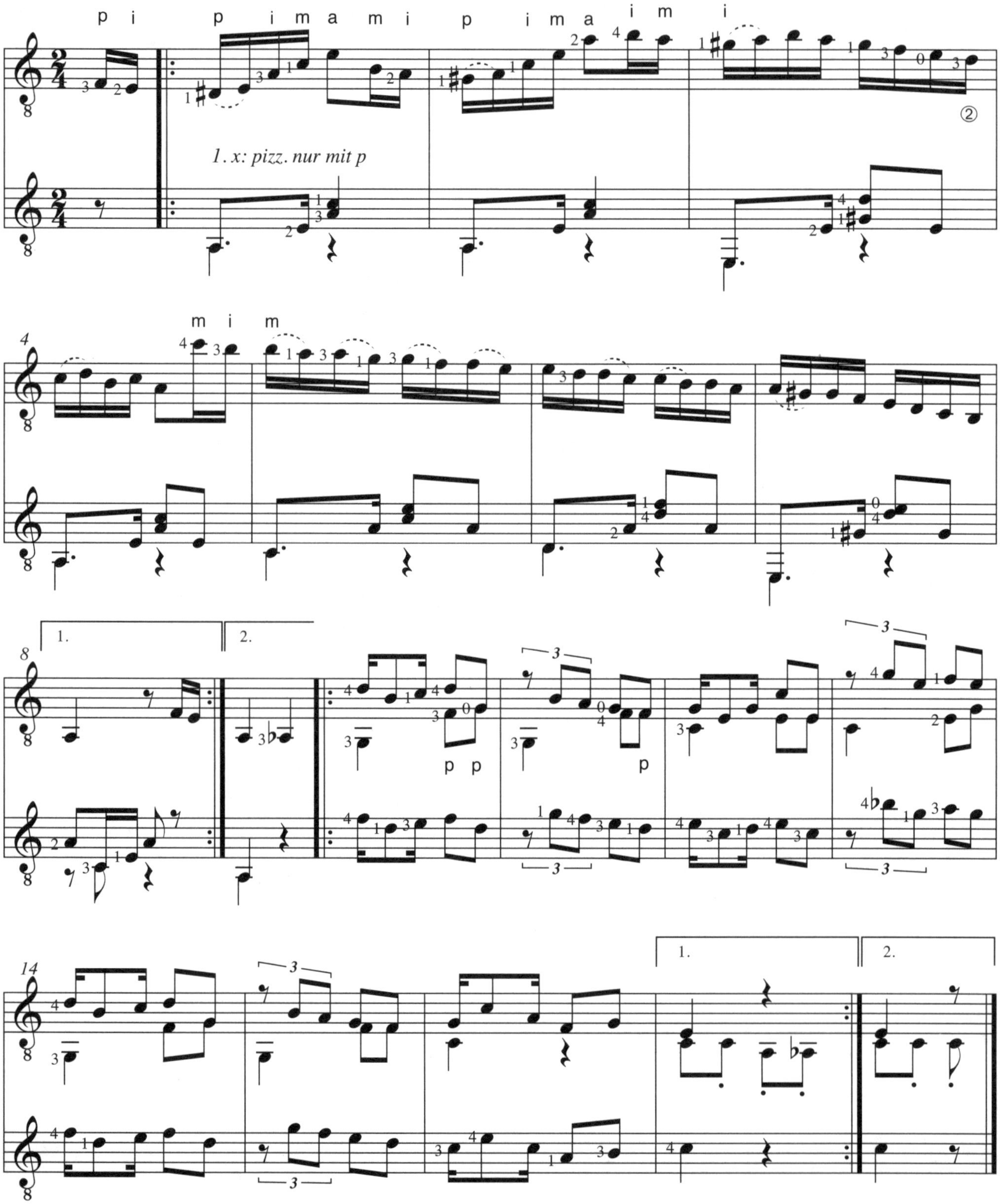

1. x: pizz. nur mit p

Multikulturell

In vielen unterschiedlichen Musikrichtungen auf der ganzen Welt ist die Gitarre ein stilbildendes Instrument.
In diesem Kapitel finden wir zwei Kostbarkeiten: Béla Bartóks Bearbeitung eines rumänischen Volkslieds und die alte schottische Melodie „The Lass Of Pattie's Mill", arrangiert für zwei Gitarren - aber der Schwerpunkt liegt auf der Musik Südamerikas mit ihrer großen gitarristischen Vielfalt:
Argentinien mit einem traditionellen Tango (Carlos Gardel) und dem berühmtesten Stück des „Tango Nuevo", Astor Piazzollas „Libertango", ergänzt durch ein Folklorestück von Héctor Ayala.
Brasilien mit einem Instrumental-Stück des alten Choro-Meisters Ernesto Nazareth, einem moderneren Choro von Celso Machado und der berühmte Ballade „Água e Vinho" von Egberto Gismonti.

Vielen Dank an die freundliche Mitarbeit aller beteiligten Verlage, die zusätzlich auch die Abdruckrechte von „Cubana" aus der bekannten Duo-Arrangement-Serie von Len Williams und „La Sanjuanerita" von François Castet genehmigten!

EL COYUYO

Bailecito

Héctor Ayala (1914-1990)

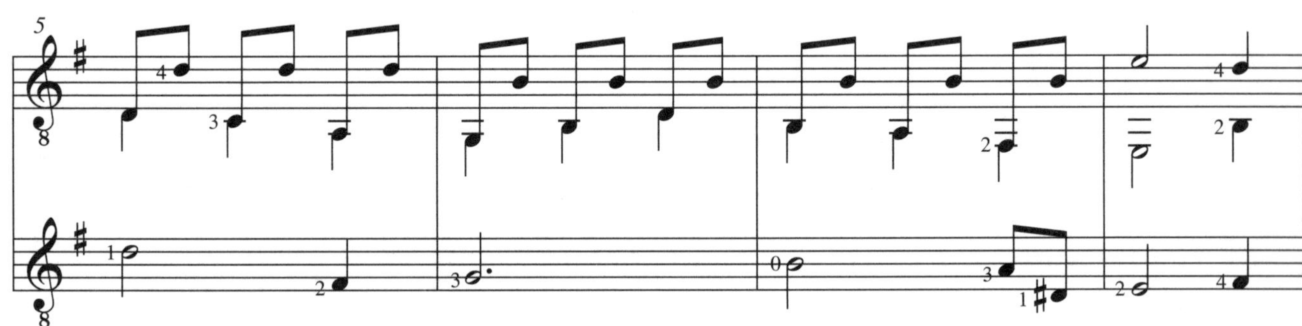

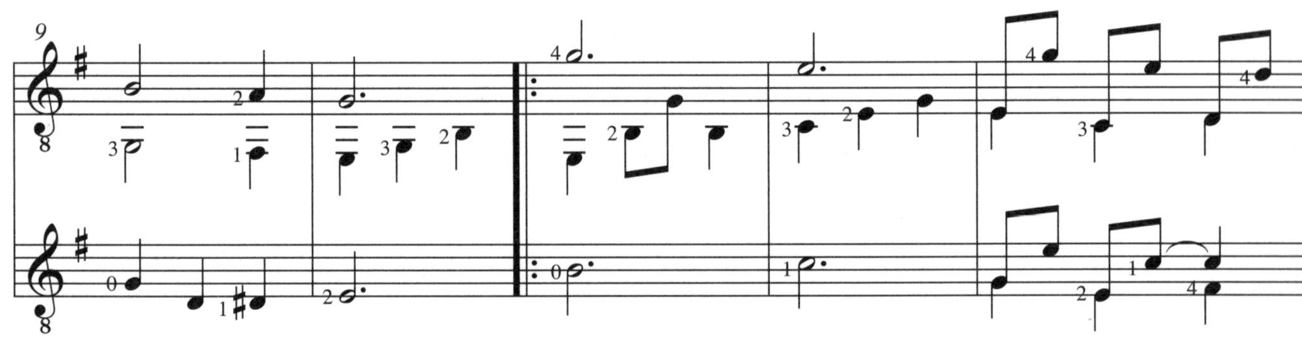

19
23
27
31

 23

ÁGUA E VINHO

Egberto Gismonti (*1947)
Bearbeitung für 2 Gitarren: Michael Langer

Text: Geraldo Eduardo Ribeiro Carneiro / Musik: Egberto Gismonti

Flag. XII
Flag. XII
Flag. XII

24

LA SANJUANERITA

François Castet (*1940)
nach einem Lied aus Guatemala von José Ernesto Monzón

17
m i
21
i m
1.
2.
26
30

 25

PAÇOCA (CHORO)

Celso Machado (*1953)
im Original: Duo für Flöte und Gitarre
Bearbeitung für 2 Gitarren: Michael Langer

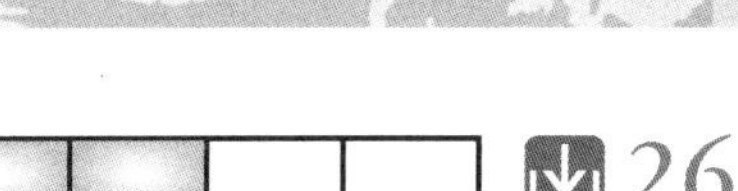 26

CUBANA

Traditional
Bearbeitung für 2 Gitarren: Len Williams

p i m a

p

5

mf

9 VII IV II

p

13 VII IV 1.

f

29
II
i m a m i
32
i m a m
35
m i
38
1.
2.
D. S. al Fine
con rep.

1.
i m
m i
2.
D. S. al Coda
con rep.
i m
i m i
i m a i

2.
Andante
Fine
m i
i m
i
p
m i

I
II
m i
IV
II
D. C. al Fine
con rep.

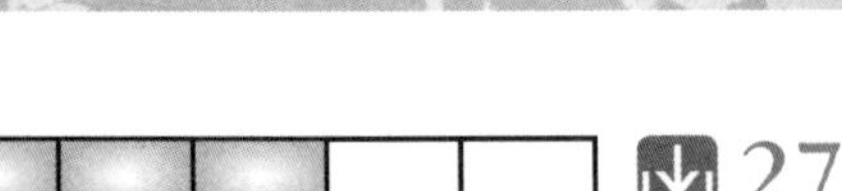

27

TOMO Y OBLIGO

Carlos Gardel (1890-1935)
Bearbeitung für 2 Gitarren: Michael Langer

i m

a
i m

i m a i

4 i m i

i m

8 i m

12

tempo rubato
a tempo

 28

THE LASS OF PATTIE'S MILL

Traditional (Schottland, 17. Jh.)
Bearbeitung für 2 Gitarren: Michael Langer

2.
mia aim
i m
pima
VII

 29

JOCUL CU BÂTA

Béla Bartók (1881-1945)
„Der Tanz mit dem Stabe" aus: „Rumänische Volkstänze"
Bearbeitung für 2 Gitarren: Michael Langer

Allegro moderato

cresc. molto
poco allarg.

30

ESCORREGANDO

Ernesto Nazareth (1863-1934)
Bearbeitung für 2 Gitarren: Michael Langer

31

LIBERTANGO

Astor Piazzolla (1921-1992)
Bearbeitung für 2 Gitarren: Michael Langer

a m i p i m p i m i
m i m i
m
1.
2.
D. S. al Fine
sin rep.

1.
2. a m i m i
i m i m
i
m i
2. m p i
m p i
a m i
Fine

III
VII
V
i m i a m i m
2x D. S. al Coda

op ...

Die Gitarre spielt nicht nur elektrisch verstärkt eine wichtige Rolle in der aktuellen Popmusik.

Melodien, Harmonien und Rhythmen des Pop lassen sich auch sehr gut in kleine, für Popmusikhörer vertraut klingende Kompositionen für klassische Gitarre verpacken. Umgekehrt betrachtet sind auch der Klang und die verschiedenen Spielarten der akustischen Gitarre ein oft genutzter Soundfaktor aktueller Pop-Produktionen.

Für diesen Teil haben wir mehrere Pop-Gitarrenduos zusammengestellt, deren Komponisten es meisterhaft verstehen, didaktische Grundgedanken der klassischen Gitarre sowie „Groove" und „Feeling" der Popmusik zusammenzubringen.

Ergänzt wird dieser Teil durch drei „echte" Popsongs, arrangiert für zwei Gitarren.

Besonders hervorheben möchte ich aber zwei Stücke mit Jazz-Einflüssen: den instrumentalen Popsong „April Love" von Earl Klugh, der vom Jazz kommt und in den 1980er- und 1990er-Jahren der stilprägende Gitarrist für Nylonsaiten-Gitarre in der Popmusik war; und „The Birds And The Bees", einen Jazzstandard mit Latin-Groove, arrangiert im Stil von Pat Metheny und Jim Hall - zwei Größen der Jazzgitarre, die diesen Song berühmt machten.

32

LED JOPLIN

Claude Engel

from: Blues for Two by Claude Engel

17
20
24
27
III
31
I

 33

EN AVRIL

Thierry Tisserand (*1956)

excerpts of 10 duos faciles by Thierry Tisserand

m i mi mi mi mi
1.
2.
f
mf
i m i
rall. poco a poco

 34

INCOMPARABLE YOU

Maria Linnemann

⑥ = D

m i
i m
III
II
rit.

ROMANCE

David Gaudreau (*1959)

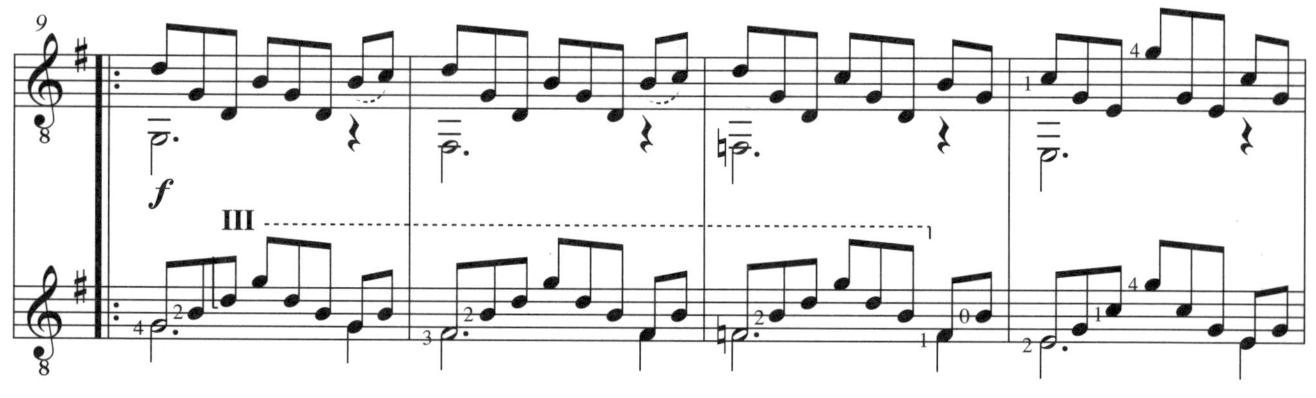

 36

APRIL LOVE

Earl Klugh
Bearbeitung für 2 Gitarren: Michael Langer

2.
m i p
m i
m i p
III
III
1.
2.
dim. poco a poco
rit.
perdendosi

VII
III
f / p
f
p

VII
VII
I
4
X
I
p i a m i p
I
III
I
i m a m i
D.C. al Coda
Fade out
p i m i a
i
p
TAP!

37

CRAZY LITTLE THING CALLED LOVE

Freddie Mercury
Bearbeitung für 2 Gitarren: Michael Langer

Strumming with i - plant p on ⑤

2.
I
p
Tap: i a m i
p p i m i
D.S. al Coda

HAPPY

Pharrell Williams
Bearbeitung für 2 Gitarren: Michael Langer

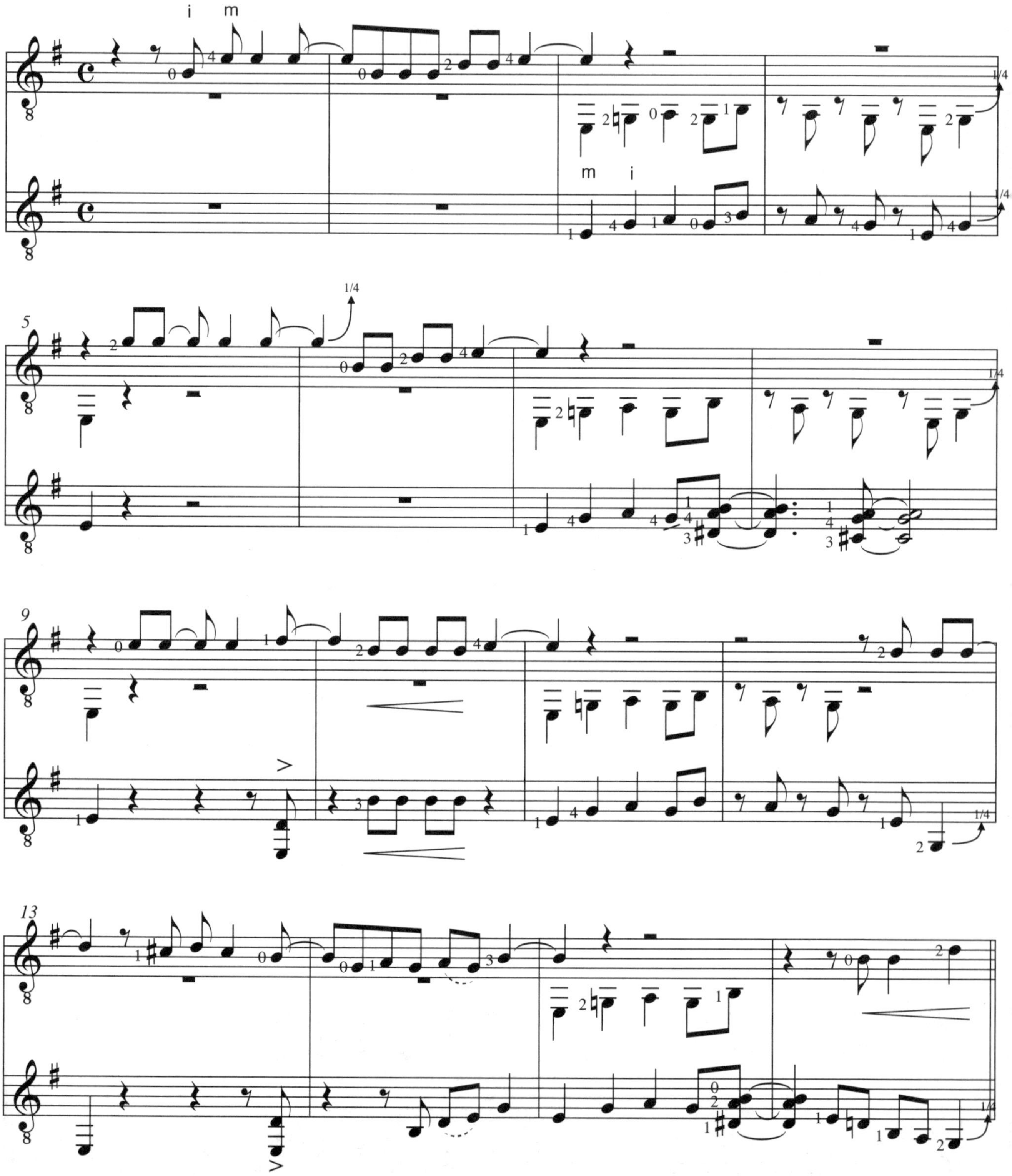

m
a i
Flag. XII

39

HAVANA

Camila Cabello
Bearbeitung für 2 Gitarren: Michael Langer

rit.

40

THE BIRDS AND THE BEES

Attila Zoller (1927-1998)
Bearbeitung für 2 Gitarren: Michael Langer

VII
X
XII
II
Flag. VII XII
XII XII
XI

AUDIOLISTE

01 Greensleeves, *Anonym, arr. Langer*
02 Le Rossignol, *Anonym, arr. Langer*
03 Come Again, *John Dowland, arr. Langer*
04 Lesson For Two Lutes, *Anonym, arr. Langer*
05 Di, Perra Mora, *Anonym, arr. Langer*
06 Romanze, *Christian Gottlieb Scheidler*
07 Lament, *Niel Gow, arr. Langer*
08 Wachet auf, ruft uns die Stimme, *Johann Sebastian Bach, arr. Langer*
09 Largo, *Antonio Vivaldi, arr. Langer*
10 Allegro, *Wilhelm Friedemann Bach, arr. Langer*
11 Le nid et la rose, *Ferdinando Carulli*
12 Das klinget so herrlich, *Wolfgang Amadeus Mozart, arr. Langer*
13 Der Vogelfänger bin ich ja, *Wolfgang Amadeus Mozart, arr. Langer*
14 Sonate A-Dur, *Domenico Cimarosa, arr. Langer*
15 Les Folies d'Espagne, *Matteo Bevilacqua*
16 Gran Vals, *Francisco Tárrega, arr. Langer*
17 Bolero, *José Ferrer, arr. Langer*
18 Von fremden Ländern und Menschen, *Robert Schumann, arr. Langer*
19 Moderato cantabile, *Frédéric Chopin, arr. Langer*
20 Tritsch-Tratsch-Polka, *Johann Strauss, arr. Langer*
21 El pañuela de pepa, *Manuel Saumell, arr. Langer*
22 El Coyuyo, *Héctor Ayala*
23 Água e vinho, *Egberto Gismonti, arr. Langer*
24 La Sanjuanerita, *François Castet*
25 Paçoca (Choro), *Celso Machado, arr. Langer*
26 Cubana, *Trad., arr. Williams*
27 Tomo y obligo, *Carlos Gardel, arr. Langer*
28 The Lass Of Pattie's Mill, *Trad., arr. Langer*
29 Jocul cu bâta, *Béla Bartók, arr. Langer*
30 Escorregando, *Ernesto Nazareth, arr. Langer*
31 Libertango, *Astor Piazzolla, arr. Langer*
32 Led Joplin, *Claude Engel*
33 En avril, *Thierry Tisserand*
34 Incomparable You, *Maria Linnemann*
35 Romance, *David Gaudreau*
36 April Love, *Earl Klugh, arr. Langer*
37 Crazy Little Thing Called Love, *Freddie Mercury, arr. Langer*
38 Happy, *Pharrell Williams, arr. Langer*
39 Havana, *Camila Cabello, arr. Langer*
40 The Birds And The Bees, *Attila Zoller, arr. Langer*